El Sapo

Colección Animalejos

© del texto y de las ilustraciones: Elise Gravel, 2016
© de la edición: NubeOcho, 2022
© de la traducción: Salvador Figueirido, 2022
www.nubeocho.com · info@nubeocho.com

Adaptación de la caligrafía: Ude AutumnLeaf

Título original: *Le Crapaud*

Primera edición: Octubre, 2022
ISBN: 978-84-19253-49-1
Depósito Legal: M-17686-2022

Publicado de acuerdo con Le courte échelle.

Impreso en Portugal.

Niñas y niños, vamos a conocer
a un animal muy especial:

EL SAPO.

¿Cómo están
ustedes?

El sapo es un tipo de

RANA.

Las ranas y los sapos descienden de un anfibio que vivía en Sudamérica hace millones de años.

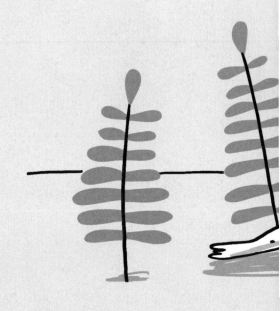

Existen más de

5.000

especies diferentes
de ranas y sapos.

Algunas viven
en el agua.

Otras, en
los árboles.

Y otras,
en tierra.

La mayoría de los sapos viven en tierra firme y tienen las patas más cortas y la piel más seca que las otras ranas.

Algunas especies de sapo son

RARÍSIMAS.

El macho de la rana de bigotes de Emei tiene púas encima de la boca.

¡Muy elegante!

Ahora me ves, ahora no me ves.

El sapito rugoso de Kukenan se camufla como una piedra cuando está en peligro.

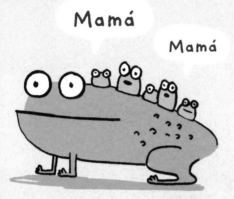

Mamá

Mamá

EL sapo de Surinam lleva en la espalda los huevos hasta que nacen las crías.

El sapo de caña, o sapo gigante, puede llegar a medir 38 centímetros.

Te llego por la rodilla.

¡Hola!

En este libro hablaremos del sapo común, o *Bufo bufo*.

Los sapos respiran a través de la piel. Para ello, tienen que hidratarse constantemente.

Por eso la mayoría de los sapos viven cerca del

AGUA.

Los sapos se alimentan de insectos, gusanos y arañas.
Son un poco vagos: esperan con la boca abierta hasta que pasa alguna

PRESA.

Y entonces... ¡la atrapan con la lengua!

Hoy nada puede salir mal.

Cuando la piel ya no le sirve, la muda:
se la "quita", y luego...
¡se la come!

¡QUÉ ASCO!

Cuando se sienten amenazados, los sapos liberan por la piel una

TOXINA.

Gracias a ella, espantan a los posibles depredadores.

¡No la pruebes nunca, sabe fatal!

El veneno de algunos sapos puede llegar a ser mortal.

Llamamos "verrugas" a los bultos que tienen los sapos en la piel, aunque en realidad no lo sean. Son un poco desagradables, pero también muy útiles para ellos. Los sapos las usan para

CAMUFLARSE.

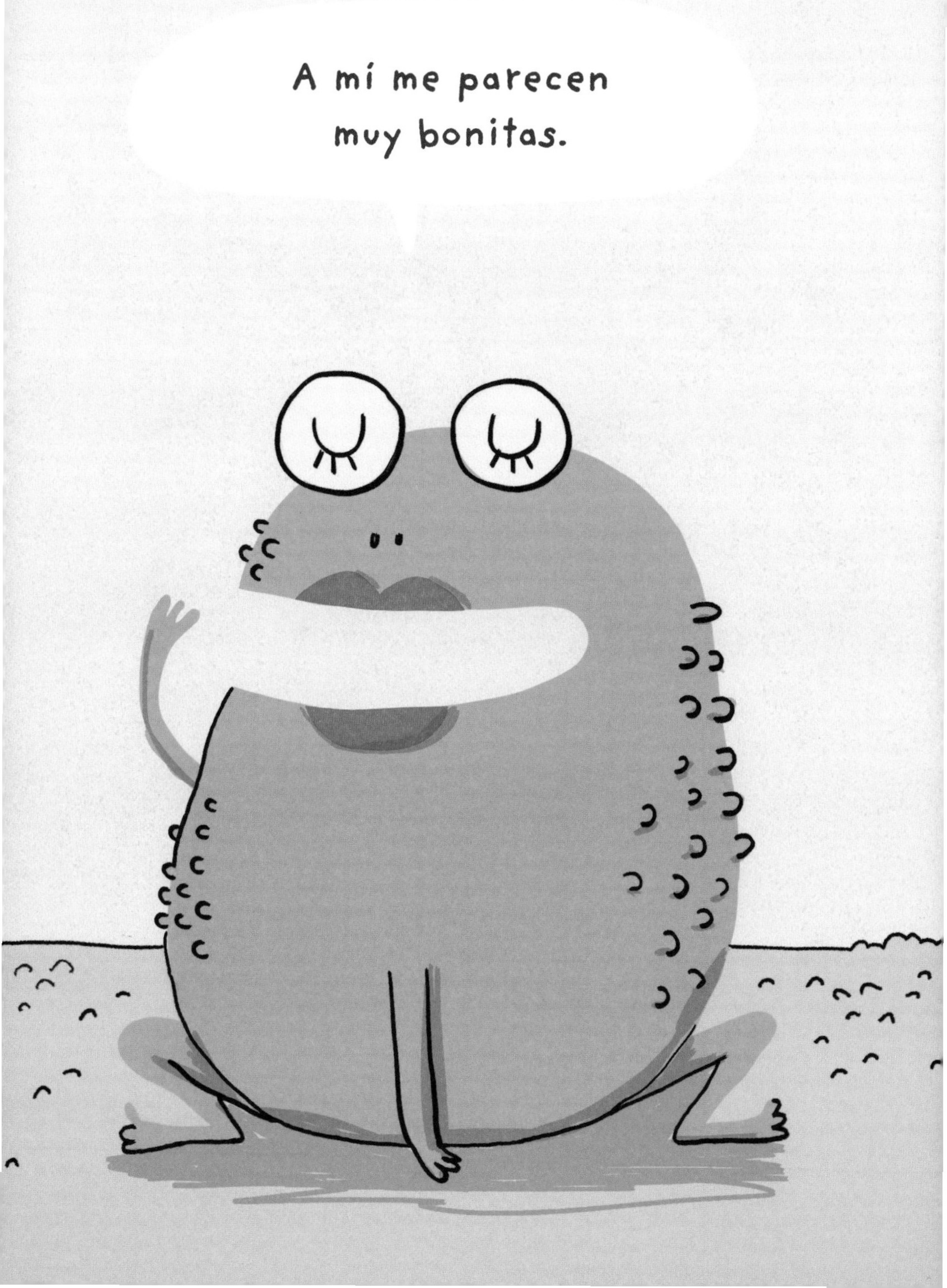
A mí me parecen muy bonitas.

Los sapos ponen sus huevos en el agua en hileras. ¡Cada sapo pone más de

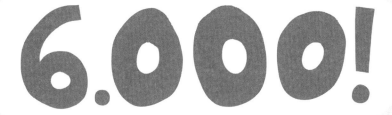

6.000!

Los huevos se enfrentan a muchos peligros, ¡incluidos los depredadores que quieren comérselos! Solo unos pocos sobrevivirán.

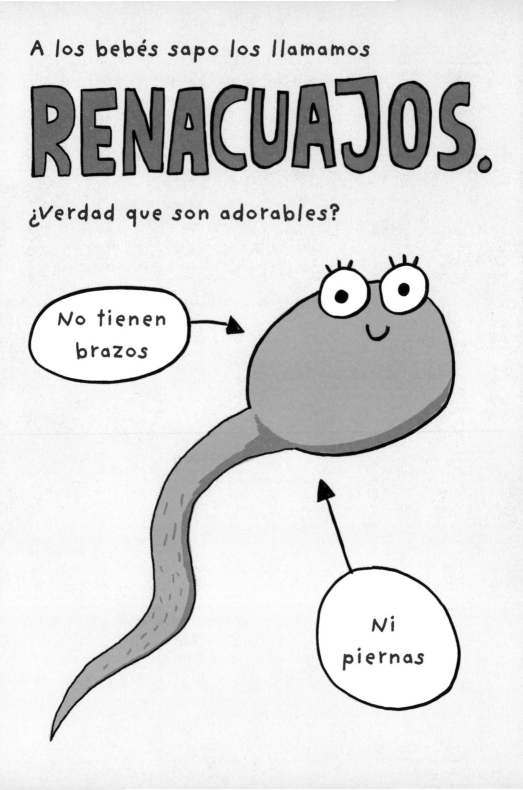

Cuando un renacuajo nace, vive en
el agua entre ocho y doce semanas,
hasta que crecen sus patitas y su cola
desaparece. Entonces, nada a tierra.
Allí puede vivir hasta doce años.

Los sapos son muy útiles: se alimentan de muchos insectos que pueden dañar las cosechas. Además, los sapos solo viven en hábitats

LIMPIOS Y SALUDABLES.

¡VAMOS!

Cada vez hay menos sapos. Algunas especies están en peligro de extinción, y otras se han extinguido del todo.

LA CONTAMINACIÓN,

el uso de pesticidas, el calentamiento global y la destrucción de sus hábitats naturales los ponen en peligro constante.

Esta página es muy triste,
así que aquí no hay broma.

En definitiva, la próxima vez que te encuentres con un sapo, sé amable con él y su entorno. ¡Los sapos necesitan

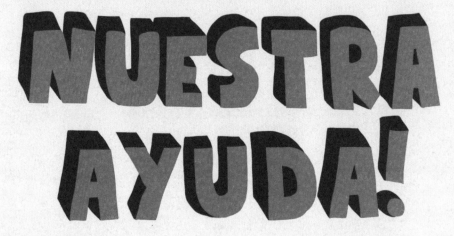

NUESTRA AYUDA!